Conviértete en no fumador

Cómo reconocer fácilmente las causas de tu adicción a la nicotina, eliminarlas paso a paso y dejar de fumar de forma sostenible

Armin Schober

CONTENIDO

Qué puedes esperar de este libro

"El hombre es un animal de costumbres". Seguro que ya has oído esta frase en alguna parte. Pero, ¿por qué se pone esta cita al principio de una guía para superar la adicción a la nicotina? Pues bien, el significado del proverbio es que al hombre le gusta repetir exactamente lo que resulta ser bueno para él. Fumar cigarrillos produce relajación, aumenta la concentración y favorece el estado de alerta. Probablemente estés acostumbrado a fumar un cigarrillo mientras esperas el autobús o para pasar el aburrimiento. Suena positivo, ¿verdad? El tiempo pasa más deprisa y aún puedes encontrar un agradable compañero de conversación en el rincón de los fumadores. Pero entonces, ¿por qué has cogido esta guía? Supongo que quieres alcanzar un objetivo: Convertirte en no fumador. Porque aparte de los efectos positivos, fumar conlleva toda una batería de efectos negativos. Sin embargo, nuestro cerebro es una masa tan maleable que facilita nuestro consumo repetido.

Por qué el alivio no es un aspecto positivo en este caso, lo aprenderás en esta guía. Además, podrás aprender qué hacen los gatos hambrientos y los perros babeantes para dificultar que nos deshagamos de las sustancias adictivas. Con el conocimiento sobre las consecuencias del consumo de nicotina y los beneficios para la salud que puedes esperar una vez dejes de fumar, te convertirás en un experto en este campo. Lo más importante, sin embargo, son los consejos prácticos y los ejercicios que te ayudarán a convertirte en el conquistador de tu adicción y a llevar tus hábitos en una dirección diferente.

En las páginas siguientes de esta guía encontrarás exactamente lo que tienes que hacer. Porque: el momento adecuado es ahora mismo.

Consumo de nicotina en general

DATOS Y CIFRAS

El tabaquismo está muy extendido entre la población y tiene un alto potencial de riesgo. En 2015, unos 19 millones de personas fumaban en Alemania. La previsión para 2020 es de unos 18 millones de fumadores. El Instituto Robert Koch calcula que sólo en Alemania mueren cada año entre 100.000 y 140.000 personas como consecuencia de enfermedades relacionadas con el tabaco. En todo el mundo, las cifras rondan los siete millones de muertes. Esto significa que el 13% de todas las muertes se deben a las consecuencias del tabaco. El porcentaje de muertes relacionadas con el tabaquismo pasivo es del 2%. Esto convierte al consumo de tabaco en la causa de muerte prevenible más importante del mundo occidental. La buena noticia, sin embargo, reside en una previsión de la Organización Mundial de la Salud que identifica una tendencia a la baja en el número de fumadores. Esta tendencia también es evidente entre los jóvenes de 12 a 17 años. Si te has hecho con esta guía, seguro que pronto tú también estarás aportando tu granito de arena al descenso de las cifras en las estadísticas.

¿QUÉ ES LA DROGADICCIÓN?

La drogodependencia se define como el consumo recurrente y perjudicial de una sustancia psicotrópica, provocado por un deseo irrefrenable de consumir. Las personas afectadas experimentan una pérdida de control durante cualquier esfuerzo de abstinencia. Entonces se producen síntomas de abstinencia físicos y/o psicológicos durante la abstinencia. Hay que aumentar cada vez más la cantidad de sustancia consumida para conseguir el efecto deseado. En este proceso, el consumo y la obtención de la sustancia dominan la vida cotidiana de los afectados. Las sustancias psicotrópicas provocan un cambio en la psique y la conciencia, es decir, influyen en los procesos mentales.

El término "adicción" se utiliza a menudo en la vida cotidiana. Adicción es el término coloquial para diversos cuadros clínicos médicos y/o psicológicos, y en realidad significa dependencia. En el lenguaje técnico, el término "adicción" suele dejar de utilizarse, ya que a menudo se asocia a una condena de los afectados. Es importante que la medicina y la psicología consideren la adicción como una enfermedad.

El término "toxicomanía" debe distinguirse de adicción a las drogas. Se trata del consumo recurrente de una sustancia psicotrópica que se sigue consumiendo a pesar de conocer los problemas sociales, laborales, psicológicos o físicos que causa el consumo. Esto significa que existe dependencia cuando alguien necesita una determinada sustancia para sentirse bien. El abuso es cualquier uso que cause daños físicos, psicológicos y/o sociales.

Existe un amplio espectro de sustancias que pueden provocar adicción. Estas sustancias pueden dividirse en tres grupos de efectos: efecto depresor, efecto alucinógeno y efecto activador. Entre las sustancias con efecto depresor se encuentran el alcohol y los opiáceos. El representante más conocido de las sustancias con efecto alucinógeno es el LSD. La nicotina, junto con la cafeína, la cocaína, las anfetaminas y los estimulantes, pertenece al grupo de sustancias que provocan un efecto activador. En el capítulo sobre los efectos de la nicotina podrás averiguar por qué esto sólo es cierto en parte en el caso de la nicotina.

¿QUÉ FORMA PARTE DEL CONSUMO DE NICOTINA?

Lo primero que probablemente te venga a la mente es el cigarrillo. Sin embargo, los cigarrillos sólo forman un elemento de la "familia de la nicotina". Otros elementos son los cigarrillos electrónicos, los puros, las pipas, las pipas de agua y los vaporizadores de tabaco, así como los productos de consumo "sin humo", es decir, el tabaco de mascar, el rapé y los parches de nicotina. Además, el tabaquismo pasivo también cuenta como consumo de nicotina.

Fumar cigarrillos electrónicos, también conocidos como *"vaping", se* considera una alternativa más sana que fumar cigarrillos convencionales. Puedes averiguar si esto es realmente así en el capítulo sobre las consecuencias nocivas del consumo de nicotina. Entre los jóvenes, el consumo de narguile o shisha es especialmente popular.

Algo menos de un tercio de los adolescentes alemanes de entre 12 y 17 años han fumado narguile alguna vez. Esta alternativa también se examinará con más detalle en un apartado posterior. En general, sin embargo, no es el tipo de consumo lo que es perjudicial para la salud, sino el tabaco en sí.

Consecuencias perjudiciales del consumo de nicotina

Fumar perjudica a casi todos los órganos de nuestro cuerpo. En las siguientes secciones conocerás las consecuencias perjudiciales del consumo de nicotina. La selección se limita a las consecuencias de fumar cigarrillos, cigarrillos electrónicos y tabaquismo pasivo, ya que estas formas de consumo son especialmente frecuentes.

TOXINAS DEL HUMO DEL TAB-ACO

Antes de entrar en las consecuencias negativas, me gustaría explicarte brevemente qué sustancias nocivas contienen realmente los cigarrillos, los cigarrillos electrónicos y los narguiles. El humo del tabaco es una mezcla de más de 5.000 sustancias. Entre ellas están la nicotina, sustancias tóxicas como el amoníaco y el óxido de azufre, y sustancias cancerígenas como el arsénico y el cromo.

Puede ocurrir que algunas sustancias no tengan efectos nocivos por sí mismas. Las interacciones que se producen entre las sustancias las hacen peligrosas. Entonces se refuerzan mutuamente. Al fumar un e-cigarrillo se calienta un líquido, que crea un aerosol, formado a su vez por pequeñas partículas líquidas. Según la potencia, el tipo de e-cigarrillo, el líquido utilizado y el comportamiento del usuario, pueden estar presentes diversas sustancias tóxicas y cancerígenas. Entre ellas, formaldehído, acetaldehído, acroleína, compuestos reactivos de oxígeno y metales.

Los contaminantes del aerosol suelen estar menos concentrados que en el humo del tabaco, pero las sustancias individuales pueden alcanzar concentraciones similares o incluso superiores a las del humo del tabaco. Una sesión de narguile equivale a fumar 100 cigarrillos. En un narguile se fuma tabaco de distintos sabores. Según el Centro Alemán de Investigación del Cáncer, este humo es tan nocivo como el de un cigarrillo convencional.

Los ingredientes son nicotina y al menos 82 sustancias nocivas, metales tóxicos y monóxido de carbono. Entre ellas, 27 sustancias han sido identificadas como cancerígenas. Con la hookah, es posible consumir tabaco sin nicotina. Entonces, este humo no contiene nicotina, pero sí todas las demás sustancias peligrosas. Las consecuencias del consumo son similares a las de fumar cigarrillos y cigarrillos electrónicos, por lo que no se tratan como un único subtema.

El tabaquismo pasivo es la inhalación involuntaria de humo de tabaco del aire circundante. Esto puede ocurrir, por un lado, al inhalar el aire exhalado de un fumador y, por otro, por el resplandor del cigarrillo entre calada y calada.

Este efecto se denomina humo lateral, que representa la mayor parte de la exposición al humo del tabaco. De hecho, muchas de las sustancias tóxicas están mucho más concentradas en el humo lateral que en el aire exhalado por el fumador.

CONSECUENCIAS NEGATIVAS DEL CONSUMO DE NICOTINA

El consumo de productos del tabaco provoca numerosas enfermedades y problemas de salud. La siguiente sección trata de las consecuencias del consumo de nicotina, dividido en consumo de cigarrillos, consumo de cigarrillos electrónicos y tabaquismo pasivo.

Consecuencias de fumar cigarrillos

El humo del tabaco contiene numerosas sustancias que se absorben muy rápida y eficazmente a través de los pulmones cuando se inhalan. Los siguientes órganos y sistemas orgánicos se ven directamente afectados por las sustancias nocivas del tabaco: el cerebro, las vías respiratorias, el sistema cardiovascular, los huesos y las articulaciones, los ojos, la salud dental, el estómago y los intestinos, y la reproducción.

El cerebro. El riesgo de sufrir un derrame cerebral es de dos a cuatro veces mayor para los fumadores que para los no fumadores. Además, como aprenderás en el capítulo sobre los procesos cerebrales, en el cerebro se desarrolla la dependencia, es decir, la memoria adictiva. Otro riesgo puede ser la aparición de demencia. Un estudio realizado por Livingston y sus colegas en 2020 demostró que casi la mitad de las demencias se pueden prevenir. La razón de ello son los factores de riesgo, como el tabaquismo, que las personas pueden controlar por sí mismas y, por tanto, evitar.

Las vías respiratorias. Otras consecuencias del tabaquismo son las enfermedades agudas y crónicas de las vías respiratorias. La enfermedad pulmonar obstructiva crónica (EPOC para abreviar, también conocida como tos del fumador) es especialmente frecuente. Pero la tuberculosis y el asma también pueden aparecer como consecuencia del consumo de tabaco.

El sistema cardiovascular. Un estudio de la Colaboración de Factores de Riesgo Emergentes (2019) demostró que los fumadores activos tienen un riesgo más de un tercio mayor de desarrollar una embolia pulmonar. La embolia pulmonar suele ir precedida de coágulos sanguíneos, que pueden aumentar con el tabaquismo. Las mujeres fumadoras tienen un riesgo seis veces mayor de sufrir un infarto de miocardio. Los hombres fumadores tienen un riesgo tres veces mayor que los no fumadores.

Fumar aumenta el riesgo de muerte súbita cardiaca en los hombres muchas veces más que en las mujeres a lo largo de su vida. Los hombres tienen unas cinco veces más probabilidades de verse afectados. Otros factores de riesgo de muerte súbita cardiaca son la hipertensión arterial, el colesterol alto y la diabetes de tipo 2, que también pueden ser consecuencias del consumo de nicotina. Otras posibles enfermedades son la aterosclerosis y la enfermedad oclusiva arterial periférica, también conocida como pierna del fumador.

Huesos, articulaciones, ojos, salud dental, estómago e intestinos. En el ámbito de los huesos y las articulaciones, pueden producirse artritis reumatoide y fracturas de cadera. En las mujeres menopáusicas puede observarse una reducción de la resistencia ósea. El tabaquismo se asocia a un mayor riesgo de ceguera, así como de cataratas, y en el ámbito de la salud dental, pueden producirse enfermedad periodontal, caries y fracaso de los implantes dentales. Además, son muy frecuentes la enfermedad inflamatoria intestinal crónica y las úlceras de estómago.

Reproducción. En el ámbito de la reproducción, puede producirse disfunción eréctil, disminución de la fertilidad y complicaciones en el embarazo. Los estudios demuestran que durante el embarazo se producen cambios genéticos que tienen un efecto duradero en el niño. Ya se puede observar en las ecografías que los fetos a partir del sexto mes tienen la cara deformada cuando la futura madre fuma. Fumar hace que entren sustancias nocivas en la sangre de la madre a través de los pulmones y de ahí, a través de la placenta, en la circulación del niño. Las consecuencias son un mayor riesgo de parto prematuro y aborto, bajo peso al nacer y malformaciones en el niño. Más adelante, los cambios genéticos pueden provocar obesidad, enfermedades pulmonares, alergias y cáncer en los niños.

El cáncer. El Centro Alemán de Investigación del Cáncer descubrió que un tercio de todas las enfermedades tumorales pueden evitarse. El motivo es que las enfermedades surgen en relación con un estilo de vida poco saludable, como fumar. Los cánceres que pueden aparecer por contacto directo con el humo son el cáncer de pulmón, el cáncer de cavidad oral, el cáncer de laringe, el cáncer de glándulas salivales y el cáncer de esófago.

Pero los órganos que sólo se ven afectados indirectamente por el humo también pueden resultar dañados. Son la vejiga, los riñones, el cuello uterino, la mama, el páncreas y el intestino. El más frecuente es el cáncer de pulmón. El 89 % de todos los casos de cáncer de pulmón en hombres se deben al tabaquismo. En las mujeres, el porcentaje es del 83 %. En general, los fumadores tienen el doble de riesgo de morir de cáncer.

Consecuencias de fumar cigarrillos electrónicos

Todas las consecuencias de fumar cigarrillos pueden aplicarse también a fumar cigarrillos electrónicos. Sin embargo, hay algunas observaciones específicas que sólo afectan al consumo de cigarrillos electrónicos. La inhalación de los aerosoles puede causar un deterioro a corto plazo de la función pulmonar.

Se producen reacciones inflamatorias en las vías respiratorias, así como una activación de las plaquetas sanguíneas, que son el primer paso en la coagulación de la sangre. En experimentos con animales, se observó que la exposición al humo de los cigarrillos electrónicos provoca daños en la pared interna de los vasos sanguíneos y en el material genético. Un estudio de Kuntic y sus colegas (2019) demostró que fumar, aunque sólo sea una vez, aumenta la frecuencia cardiaca y endurece las arterias. Además, descubrieron que vaporizar sin nicotina tiene efectos aún más nocivos que vaporizar con nicotina.

Comparados con el tabaco, los cigarrillos electrónicos son probablemente mucho menos nocivos, pero se desconocen los riesgos para la salud a largo plazo. Los expertos desaconsejan utilizar los cigarrillos electrónicos como alternativa más saludable al tabaco.

Consecuencias del tabaquismo pasivo

En el tabaquismo pasivo, el no fumador absorbe las mismas sustancias nocivas que el fumador. Es decir: se consigue el mismo efecto, pero en menor medida.

El riesgo de infarto para un no fumador rodeado de fumadores es, sin embargo, del 30%. El mismo porcentaje se aplica al riesgo de ictus y cáncer de pulmón. El cáncer de senos paranasales, de mama y de cuello uterino también puede darse en no fumadores. Puede producirse irritación de la mucosa nasal, tos, ruidos respiratorios silbantes, asma y EPOC. Además de una mayor propensión a las infecciones, pueden producirse mareos, dolores de cabeza y lagrimeo.

Aquí también hay que tener en cuenta los riesgos para los niños, ya que las consecuencias para ellos pueden ser mucho peores, pues tienen una frecuencia respiratoria más alta y un sistema de desintoxicación menos eficaz. Muchos de los puntos sobre fumar cigarrillos pueden extraerse de esta sección. Sin embargo, me gustaría destacar en este punto algunos de los aspectos específicos del tabaquismo pasivo. Durante el embarazo se produce una reducción del crecimiento del feto, por lo que el desarrollo no se corresponde con la etapa de gestación.

Tras el nacimiento, puede producirse un desarrollo alterado de la cognición y el comportamiento. Además, pueden aparecer numerosas enfermedades respiratorias, como bronquitis, neumonía, asma e infecciones del oído medio. Un estudio realizado en 2019 por Groh y colegas descubrió que el tabaquismo pasivo en la infancia puede favorecer la fibrilación auricular en etapas posteriores de la vida.

Cuanto más fumaban los padres, más frecuentemente se producían arritmias cardiacas en sus hijos. Además, se pudo demostrar que los hijos de padres fumadores eran más propensos a fumar ellos mismos en la edad adulta.

El efecto de la nicotina en el cuerpo y la mente

Es cierto que la nicotina tiene inicialmente un efecto activador. Sin embargo, a dosis más altas, la nicotina también puede tener un efecto sedante, es decir, depresor. Una dosis baja de nicotina aumenta el impulso respiratorio, mientras que dosis más altas provocan una respiración inadecuada, demasiado lenta o superficial. Un cigarrillo contiene hasta 13 miligramos de nicotina. Cuando se fuma, se absorben entre uno y dos miligramos. Como ocurre con ninguna otra sustancia, el efecto de la nicotina está regulado por el comportamiento del fumador, por ejemplo por la profundidad de la calada que da. La nicotina llega al cerebro al cabo de unos diez segundos, donde despliega su efecto. En el siguiente apartado aprenderás cómo funciona la nicotina en el cerebro. Este conocimiento te ayudará a entender por qué es tan difícil superar una adicción.

EL CEREBRO Y LA DOPAMINA

Mediante la inhalación, la nicotina irrita las terminaciones nerviosas sensoriales de la boca, la nariz y la garganta. La nicotina puede atravesar los capilares de los pulmones y la barrera hematoencefálica muy rápidamente, lo que provoca la aparición del efecto subjetivo en unos diez segundos. La nicotina llega al cerebro a través de la sangre y se une a los llamados receptores nicotínicos de las células nerviosas. Los receptores de nicotina son sitios de unión que pueden estimular determinados procesos bioquímicos.

El funcionamiento de un receptor de este tipo es bastante sencillo de entender. Imagina dicho receptor como una especie de cerradura que busca una llave adecuada. La nicotina es la llave adecuada para esta cerradura y puede abrirla. Al abrir la cerradura, determinadas partículas pueden pasar a través de la entrada. En nuestro caso, se trata de iones que ponen en marcha determinados procesos bioquímicos. Un ejemplo de estos procesos es la estimulación de la producción de dopamina, que contribuye a una sensación de bienestar y calma. Todos estos procesos tienen lugar en el centro de recompensa de nuestro cerebro.

El centro de recompensa se denomina sistema mesolímbico dopaminérgico de recompensa en la jerga técnica. Un término técnico que definitivamente no necesitas recordar, pero su modo de acción explica por qué es tan difícil dejar de fumar. Es más fácil explicar la función del centro de recompensa si desglosas todo el término en sus partes componentes. "Mesolímbico" es la combinación del mesencéfalo y el sistema límbico.

El aumento de la actividad del sistema mesolímbico provoca la liberación de dopamina, lo que explica el término "dopaminérgico". Debido a la liberación de dopamina, fumar tiene un efecto gratificante y motivador, que a su vez refuerza el hábito de fumar. El tema del refuerzo se explica con más detalle en la sección sobre aspectos psicológicos. En general, el sistema límbico es responsable del afecto y de la conducta de impulso hacia el entorno, y también está estrechamente relacionado con el sentido del olfato. Por lo tanto, el solo olor del humo del cigarrillo puede provocar la activación del sistema. Esto crea el deseo de fumar un cigarrillo.

La corteza cerebral registra este impulso como un deseo consciente y ordena al cuerpo que satisfaga este deseo. Al fumar repetidamente, aumenta el número de receptores de nicotina en todas las áreas del cerebro. Esto provoca un aumento de la liberación de dopamina. Estos cambios provocan una mayor capacidad de respuesta a la nicotina. Sin embargo, esta mayor capacidad de respuesta también se consigue para otras sustancias y, en consecuencia, conduce a una mayor susceptibilidad al comportamiento adictivo. El consumo de drogas ilícitas suele ir precedido de la experiencia y el abuso de drogas lícitas.

Y no quieres caer en eso en primer lugar, por eso es una buena idea dejar de fumar. Por otra parte, se desarrolla tolerancia. Cuanto más fumas, menos notas los efectos positivos de la nicotina. En realidad, estos cambios persisten en nuestro cuerpo durante años.

Los procesos que tienen lugar en el cerebro activan los sistemas nerviosos simpático y parasimpático. Los sistemas nerviosos simpático y parasimpático forman parte del sistema nervioso autónomo, que controla muchas funciones corporales importantes, como la respiración o la digestión. En el caso de la nicotina, la activación del sistema nervioso simpático va acompañada de la liberación de adrenalina, que a su vez aumenta la frecuencia cardiaca y la descomposición de las grasas y el azúcar en sangre.

La activación del sistema nervioso parasimpático conduce a un aumento de la producción de jugos gástricos, a un aumento de la actividad intestinal y, por tanto, a una estimulación de la digestión. Por otra parte, la nicotina también afecta al centro del vómito en el cerebro, lo que conduce a una reducción del apetito. La liberación de vasopresina, una hormona de nuestro organismo, provoca la constricción de los vasos sanguíneos, lo que va acompañado de un aumento de la tensión arterial. Además, aumenta la tendencia a la coagulación de la sangre, lo que conlleva un mayor riesgo de trombosis. Además, se estimulan zonas cerebrales responsables del estado de alerta y del aumento de la atención y la memoria. La ingesta de nicotina produce tiempos de reacción más rápidos, mejora la concentración, reduce la agresividad, disminuye la ansiedad y relaja los músculos. Se dedica una sección aparte a las consecuencias negativas de la dependencia de la nicotina.

Unos 30 minutos despúes del último consumo, cesa el efecto de la nicotina. Sin embargo, inmediatamente después del consumo, los receptores no pueden ser influenciados durante un breve periodo de tiempo. Sólo cuando desciende el nivel de nicotina, los receptores vuelven a ser más sensibles. Cuando la dopamina liberada cae por debajo de un umbral crítico, pueden producirse síntomas de abstinencia y un deseo renovado de nicotina.

El objetivo de este ansia es abastecer a los receptores del cerebro para conseguir la sensación de bienestar deseada. Los síntomas de abstinencia aparecen cuando se deja de consumir durante mucho tiempo. Los síntomas típicos de abstinencia son irritabilidad, decepción, ira, ansiedad, dificultad para concentrarse, aumento del apetito, inquietud, estados de ánimo depresivos, centrar la mente en conseguir cigarrillos e insomnio. La nicotina es descompuesta por el hígado y excretada por la vejiga.

El efecto directo sobre los receptores y la influencia sobre el sistema de recompensa dan lugar al elevado potencial adictivo de la nicotina.

Se ha formado entonces la llamada "memoria de adicción", en la que se almacenan las experiencias con el efecto de la droga, los estímulos indicios y los efectos positivos de la nicotina. La consecuencia, como ya se ha indicado en uno de los párrafos superiores, es que incluso después de años de abstinencia, pueden producirse recaídas desencadenadas por determinadas condiciones ambientales y que no pueden contrarrestarse adecuadamente. En la memoria de la adicción, se despiertan de nuevo los sentimientos positivos asociados, lo que desencadena un ansia. Aprenderás más en la siguiente sección.

DE GATOS HAMBRIENTOS Y PER-
ROS BABEANTES

Al mismo tiempo, es igualmente importante examinar los conceptos psicológicos que te ayudarán a comprender mejor cómo se desarrolla la adicción en primer lugar y, por tanto, por qué es tan difícil superarla. En las siguientes explicaciones aprenderás lo básico al respecto. El primer contacto con la nicotina suele producirse en la infancia o la adolescencia. La alegría de experimentar y la curiosidad son rasgos de la personalidad que contribuyen especialmente a involucrarnos en nuestro primer consumo.

En esta fase, no suelen estar presentes los efectos positivos de la nicotina, sino efectos negativos como mareos y náuseas. Esta fase también se denomina fase de iniciación. Sólo cuando la gente se acostumbra a la nicotina, los efectos negativos pasan a un segundo plano y la experiencia positiva pasa a primer plano. En esta fase, aún es posible dejar de consumir fácilmente, pero la mayoría de la gente no quiere hacerlo porque predominan las sensaciones positivas.

A esto le sigue la fase crítica con la habituación al comportamiento adictivo. Sabes cómo te afecta la nicotina, no puedes dejar de consumirla y no quieres hacerlo. Se aceptan los efectos secundarios nocivos, como la disminución del rendimiento en el trabajo.

En la fase crónica o de dependencia, se ha desarrollado una dependencia total. Los afectados ya no pueden prescindir de la nicotina y toda su rutina diaria está orientada al consumo. Se desarrolla tolerancia y síntomas de abstinencia, que sólo pueden satisfacerse con un consumo renovado. Éste es el punto en el que quieres dejar de fumar. La transición del consumo inicial al desarrollo de la adicción se suaviza mediante procesos de aprendizaje. El aprendizaje es un cambio permanente, basado en la experiencia, en la disposición conductual de un individuo. Por tanto, el aprendizaje está directamente relacionado con el individuo. Por tanto, no es posible determinar cómo aprende una persona, sino sólo que ha aprendido algo. Que se ha aprendido algo se refleja entonces en el cambio de comportamiento, por lo que el término "disposición conductual" sugiere que el aprendizaje no tiene por qué conducir inmediatamente a un cambio de comportamiento.

Existen diferentes clasificaciones de los tipos de aprendizaje. En este caso, me gustaría hacer una clasificación según las direcciones de investigación que explican el desarrollo y mantenimiento de una adicción.

El primer consumo puede explicarse perfectamente mediante la teoría del aprendizaje social de Albert Bandura. Descubrió que los seres humanos estamos especialmente preparados para adquirir nuevos comportamientos mediante la imitación o la representación. En concreto, si se ve que una persona tiene éxito con un comportamiento o es recompensada directamente, es más probable que imitemos ese comportamiento. Piensa en tu primera calada a un cigarrillo. Quizá observaste a un grupo de adolescentes mayores en el patio del colegio fumando en secreto y disfrutando.

Entonces ocurre lo siguiente en nuestro cerebro: Fumar cigarrillos" se asocia con los atributos positivos "autoestima positiva", "pertenencia a un grupo" y "relajación". Esta actitud básica positiva constituye la base perfecta para empezar a fumar.

La conducta adquirida de fumar se mantiene entonces mediante refuerzos positivos y negativos. Aquí nos encontramos en el paradigma del condicionamiento operante o instrumental. El condicionamiento es un tipo de aprendizaje en el que las asociaciones entre estímulos o entre estímulos y respuestas se aprenden mediante el acoplamiento repetido. Las ideas básicas del condicionamiento operante se remontan a Edward Lee Thorndike, que realizó experimentos sobre la resolución de problemas en animales. Sus primeros experimentos fueron con gatos hambrientos, a los que colocó en una jaula que podía abrirse mediante una palanca. Se colocó comida fuera de la jaula. Los gatos intentaban escapar de la jaula haciendo movimientos típicos de su especie y alcanzaban accidentalmente la palanca. En series posteriores, la palanca se tocaba cada vez con más frecuencia y los gatos escapaban de la jaula cada vez más deprisa. A partir de ahí, Thorndike dedujo la ley del efecto: el comportamiento que conduce a un resultado agradable se repetirá. A la inversa, se evita el comportamiento que conduce a un resultado desagradable.

Ahora, para aplicar esto a la adicción a la nicotina, por favor, sígueme en un pequeño experimento mental. Eres el gato que está sentado en una jaula y tiene hambre. Sólo que no tienes hambre de comida, sino de nicotina. Fumando, escapas del ansia o de la jaula. Has aprendido que la sensación de inquietud desaparece al fumar un cigarrillo y en su lugar se produce la relajación. Por otra parte, evitas dejar de fumar durante demasiado tiempo porque sabes que entonces te esperan síntomas de abstinencia.

Con el condicionamiento operante, sin embargo, se puede ir un paso más allá. Burrhus F. Skinner acuñó los términos refuerzo y castigo. El refuerzo se refiere a situaciones en las que un comportamiento se ve reforzado por sus consecuencias, de modo que es más probable que se repita en el futuro. Aquí se pueden dividir el refuerzo positivo y el negativo. En el refuerzo positivo, un acontecimiento positivo sigue al comportamiento.

Por ejemplo, estás en el rincón de los fumadores y entonces llega una persona con la que entablas una agradable conversación. O, sencillamente, fumar provoca consecuencias agradables, como bienestar y sentimientos de felicidad. Como resultado, la conducta de fumar se produce con más frecuencia en el futuro. El refuerzo negativo es un poco más complicado. No se trata de que ocurra algo negativo, sino de que no ocurra algo negativo. Al fumar el cigarrillo, se pueden evitar o eliminar síntomas de abstinencia como dolores de cabeza, mal humor e inquietud.

Entonces, como probablemente habrás adivinado, es menos probable que el comportamiento vuelva a producirse cuando se castiga. De nuevo, pueden dividirse los castigos positivos y negativos. Con el castigo positivo, el comportamiento va seguido de un acontecimiento desagradable. Por ejemplo, te sientes mal después de fumar porque has fumado demasiado rápido o demasiado. Con el castigo negativo, se produce una retirada de estímulos positivos. Por ejemplo, como has hablado demasiado con tus compañeros durante el trabajo, se te priva sumariamente de la pausa en la que realmente te fumas el cigarrillo. Así pues, el condicionamiento operante se centra principalmente en las consecuencias del comportamiento. Ya no quieres ser el gato en la jaula que necesita una determinada acción para escapar de ella. Quieres vivir libre y sin jaula y por eso tienes que romper la jaula.

Por otro lado, está el condicionamiento clásico, que puede explicar el mantenimiento de la conducta de fumar. De los gatos hambrientos pasamos a los perros babeantes en este complejo de temas. Detrás de esto está Ivan Pavlov, que estudió el reflejo de salivación en los perros. Descubrió que el reflejo de salivación en los perros empezaba cuando los animales sólo oían los pasos del cuidador y no cuando éste les daba comida.

Para este experimento, se colocó a los perros en un aparato especial para determinar la intensidad de la salivación en respuesta a determinados estímulos. A los perros se les mostró la comida, por lo que la comida es un estímulo incondicionado que no se ha modificado. A este estímulo le sigue el reflejo innato en los perros de babear. La salivación en este caso es la respuesta incondicionada, por lo que es algo bastante normal. Ahora entra en juego una campana. Se hizo sonar la campana y los perros no mostraron ninguna reacción, salvo cierta curiosidad.

Según esto, el timbre es un estímulo neutro. Cuando se combinó la campana con la presentación de comida, el perro siguió reaccionando con saliva. Luego vino lo realmente interesante. Tras varias repeticiones, los perros ya reaccionaban al sonido de la campana y ello sin la presentación de comida. En pocas palabras, los perros aprendieron que la comida siempre se presenta después de que suene la campana. A partir de ese momento, la respuesta incondicionada, es decir, la salivación, se convirtió en una respuesta condicionada y el estímulo anteriormente neutro, es decir, la campana, se convirtió en un estímulo condicionado. Más tarde, la situación llegó tan lejos que los perros empezaron a salivar cuando sólo oían los pasos del cuidador en el pasillo.

Probablemente ahora te estés preguntando cómo se supone que te va a ayudar esta visión. Bien, déjame que te lo explique. La boca del perro empieza a salivar cuando le das comida. En nuestro caso, los antojos surgen cuando se presentan los cigarrillos. Suena una campana antes de la comida, en nuestro caso vamos al rincón del fumador, estamos estresados o aburridos. Si sólo vamos al rincón del fumador con la frecuencia suficiente, tenemos estrés o nos aburrimos de puente y fumamos después, entonces estas situaciones o sentimientos contribuirán muy pronto a que sólo estos se conviertan en desencadenantes. Muchos estímulos que teóricamente no tienen nada que ver con fumar pueden desencadenar entonces el ansia.

En la sección sobre procesos cerebrales, aprendiste que la dopamina desempeña un papel central en el desarrollo de las adicciones. Por un lado, la dopamina activa el sistema de recompensa; por otro, una elevada disponibilidad de dopamina facilita el aprendizaje por asociación. Los estímulos ambientales e internos adquieren la propiedad de desencadenar por sí mismos la anticipación y el ansia.

La propia visión de un cigarrillo o el olor a humo se condicionan debido a la alta disponibilidad de dopamina. Estos estímulos neutros, como el timbre en los perros, se convierten en desencadenantes a través del condicionamiento clásico, lo que conduce a la activación del sistema de recompensa.

Por otra parte, las respuestas condicionadas también pueden desaparecer si el estímulo condicionado se presenta durante un periodo de tiempo más largo sin el estímulo incondicionado. El ansia de consumir drogas puede reducirse si se evitan los estímulos externos e internos asociados al consumo de drogas. Sin embargo, aprenderás que esta evitación no es tan fácil y qué puedes hacer en su lugar en los consejos para superar la adicción a la nicotina.

El aprendizaje especialmente estable se produce con la teoría de los dos factores, según Orval Hobart Mowrer. Los dos factores en este caso son la combinación del condicionamiento clásico y el condicionamiento operante. Es decir, las respuestas aprendidas en el condicionamiento clásico aumentan en intensidad y frecuencia cuando se refuerzan operantemente. Por ejemplo, si una persona fuma 20 cigarrillos al día y da diez caladas a cada cigarrillo, experimentará 200 refuerzos operantes al día. Si además la persona fuma en distintos lugares, el consumo de nicotina está vinculado a muchos lugares y situaciones diferentes.

El resumen de estas observaciones es hacerte comprender que sólo una cosa ayuda a borrar el condicionamiento y es: Dejar de fumar. Sólo la abstinencia completa borrará el condicionamiento en el cerebro con el tiempo. Ir y venir entre fumar y no fumar sólo refuerza el condicionamiento.

Por supuesto, hay muchas más teorías que pueden explicar el desarrollo de la adicción. En este punto, sin embargo, las explicaciones dadas anteriormente deberían ser suficientes.

BENEFICIOS PARA LA SALUD TRAS DEJAR DE FUMAR

Para concluir este capítulo, no quiero privarte de las consecuencias positivas que te esperan una vez hayas dejado de fumar. Contrariamente a lo que cabría esperar, los primeros cambios físicos empiezan ya 20 minutos después del último cigarrillo. Cuanto más largo sea el periodo de tiempo durante el cual no se consume tabaco, mayores serán los efectos positivos.

La Organización Mundial de la Salud ofrece un resumen de los efectos positivos tras dejar de fumar. Ya después de 20 minutos, el pulso empieza a disminuir.

Doce horas después del último cigarrillo, el nivel de monóxido de carbono en la sangre desciende hasta la normalidad. Entre dos semanas y tres meses después del último cigarrillo, disminuye el riesgo de infarto y los pulmones empiezan a funcionar mejor. La disminución de la tos y de la dificultad para respirar se produce entre el primer y el noveno mes tras el último consumo de nicotina.

Un año después del último cigarrillo, el riesgo de enfermedad cardiovascular es sólo la mitad que el de un fumador. Además, también se mencionan consecuencias positivas a largo plazo. Concretamente, al cabo de 5 a 15 años, el riesgo de sufrir un ictus es "sólo" tan alto como el de un no fumador.

Diez años después del último cigarrillo, el riesgo de morir de cáncer de pulmón se reduce a la mitad y también se reduce el riesgo de desarrollar otros cánceres. Por último, 15 años después del último cigarrillo, el riesgo de enfermedad cardiovascular ya no es mayor que el de un no fumador de toda la vida. Todo esto suena muy positivo, ¿verdad? Entonces, ¿a qué esperas? Empieza tu viaje ahora.

Diagnóstico y consejos para dejar de fumar

Ahora nos dirigimos lentamente hacia la aplicación y puesta en práctica de los conocimientos que has aprendido hasta ahora. En las siguientes secciones se te pedirá que escribas algo de vez en cuando. Por lo tanto, sería una buena idea coger un cuaderno o libreta y anotar todo tu viaje de abstinencia. De este modo tendrás todas tus notas en un solo lugar y siempre podrás volver al principio.

TEST PARA EVALUAR LA DEPEN-
DENCIA DE LA NICOTINA

Para obtener una evaluación de la fuerza de tu dependencia, ahora tienes la oportunidad de responder con sinceridad a las seis preguntas siguientes. No dudes en coger un papel y anotar tus respuestas. Primero lee la pregunta, luego elige una respuesta y sólo después continúa leyendo. La pregunta va seguida de los puntos que recibirás por tu respuesta.

Empecemos con la primera pregunta: ¿Cuándo después de levantarte fumas tu primer cigarrillo? a.) después de cinco minutos, b.) después de seis a 30 minutos, c.) después de 31 a 60 minutos o d.) después de más de 60 minutos. Ahora escribe tu respuesta y sigue leyendo. Por la respuesta a.) obtienes tres puntos, por la respuesta b.) obtienes dos puntos, por la respuesta c.) obtienes un punto y por la opción de respuesta d.) ningún punto.

Segunda pregunta: ¿Te resulta difícil abstenerte de fumar en lugares donde está prohibido hacerlo? a.) sí o b.) no. Ahora escribe tu respuesta y luego lee los puntos concedidos. Por la respuesta a.) hay un punto y por la respuesta b.) no hay ningún punto.
Pregunta tres: ¿A qué cigarrillo no querrías renunciar? Responde a.) el primero de la mañana o responde b.) otros. Ahora escribe tu respuesta y sigue leyendo. Por

la respuesta a.) hay un punto y por la respuesta b.) no hay punto.

Cuarta pregunta: ¿Cuántos cigarrillos fumas al día? Responde a.) 31 y más, b) 21 - 30, c.) 11 - 20 o d.) hasta diez. Escribe tu respuesta y sigue leyendo. Otorga tres puntos por la respuesta a.), dos puntos por la respuesta b.), un punto por la respuesta c.) y ningún punto por la respuesta d.).

Pregunta 5: ¿Fumas generalmente más por la mañana que durante el resto del día? Estas son las opciones de respuesta: a.) sí o b.) no. Escribe tu respuesta y sigue leyendo. Si tu respuesta es a.) "sí", obtienes un punto. Si tu respuesta es b.) "no", no obtienes ningún punto.

Pasemos a la sexta y última pregunta: ¿Fumas alguna vez cuando estás enfermo y tienes que permanecer en cama durante el día? Responde a.) sí o responde b.) no. Escribe tu respuesta y continúa con la puntuación. Para a.) hay un punto y para b.) no hay punto.
Las seis preguntas que acabas de responder forman parte del test de Fagerström para la dependencia de la nicotina. Este test puede utilizarse para medir la intensidad de la dependencia de un fumador. Para la interpretación de los resultados, suma ahora todos los puntos distribuidos de las seis preguntas.

La puntuación total calculada proporciona una evaluación fiable de la gravedad de la dependencia del tabaco. Una puntuación total de cero a dos puntos indica una dependencia física baja. De tres a cuatro puntos indica una dependencia física media. De cinco a siete puntos indican una dependencia física fuerte y de siete a diez puntos indican una dependencia física muy fuerte.

CONSEJOS PRÁCTICOS PARA EL DESTETE

Ahora que ya conoces la fuerza de tu adicción, me gustaría darte algunos consejos sobre cómo superar tu adicción a la nicotina.

A grandes rasgos, tienes tres fases por delante: preparación, finalización y estabilización. A continuación me gustaría hablar de estas tres fases.

Preparación para dejar de fumar

El objetivo que quieres alcanzar en esta fase es tomar la decisión clara de abstenerte del tabaco. A continuación, conocerás los pasos más importantes que hay que dar para conseguirlo.

1. autoobservación. En la autoobservación observas y controlas tu comportamiento como fumador. El primer consejo práctico es contar cuántos cigarrillos fumas al día durante una semana. Esto ya lo has hecho si has trabajado con el test de Fagerström anterior. En la cuarta pregunta debes responder cuántos cigarrillos fumas al día.

2. lista de ventajas e inconvenientes. En la primera fase, se deben enumerar las ventajas e inconvenientes de fumar o no fumar. Una lista de pros y contras es muy adecuada para esto. Ahora coge una hoja de papel o tu cuaderno y divide una página por la mitad. En la mitad izquierda de la página escribe los aspectos positivos de fumar y en la mitad derecha escribe los aspectos negativos de fumar. Tómate tu tiempo para reflexionar. No tienes que terminar esta lista en los próximos diez minutos. Repasa todas las áreas de tu vida en las que el tabaco te acompaña. Si llevas siempre contigo tu cuaderno o la hoja con la lista de pros y contras, puedes tomar nota en las situaciones relevantes. Pregúntate qué tiene de bueno seguir fumando, cuáles son las ventajas de vivir sin fumar, qué tiene de malo seguir fumando y cuáles son las consecuencias desagradables de vivir sin fumar.

Por favor, termina tu lista antes de mirar el recuadro gris, que contiene algunos de los aspectos positivos y negativos del tabaco mencionados con más frecuencia. Tu propia lista debería estar terminada como muy tarde cuando pases a la segunda fase.

Aspectos positivos de fumar	Aspectos negativos del tabaquismo
- Relajación	- Enfermedades
- Estimulación	- Costes
- Mejora de la concentración	- olor desagradable
- mejora la atención	- Síntomas de abstinencia
- Afrontar el aburrimiento	- Poner en peligro a otras personas
- Gestión del estrés	- presión social

3. identificación de los estímulos indicios. Es importante identificar las señales o situaciones que asocias con fumar. Para ello, lo mejor es que escribas una lista de situaciones en las que sueles fumar (por ejemplo, esperando el autobús, durante un descanso, etc.).

Después, mira tus notas y piensa en cómo puedes cambiar los estímulos de los indicios, cómo puedes evitar que se produzcan o cómo puedes evitar las situaciones por completo. Lo mejor es que escribas detrás de cada situación exactamente lo que harás en su lugar. Un ejemplo sería renunciar al café por la mañana si el consumo de café está relacionado con el consumo de nicotina. No te acerques a los lugares donde los fumadores se congregan con frecuencia, como los rincones para fumadores, y deshazte de ceniceros, mecheros y restos de cigarrillos.

4. apoyo de las personas de tu entorno. Involucra a amigos, familiares, pareja y compañeros en tu viaje. Informa a las personas de tu entorno cercano de que quieres dejar de fumar. Estas personas pueden ofrecerte apoyo y actuar como ayudantes apoyándote en la creación de un entorno sin humo.

Haz apuestas o contratos con tus amigos que pongas por escrito. De esta forma tienes un documento firme y un contrato así no se puede romper tan fácilmente y tampoco nos gusta perder apuestas. Prepara a la gente que te rodea y sobre todo a ti mismo para futuros síntomas de abstinencia. Si sales de un descanso de mal humor, no tiene por qué ser porque no te gusten tus colegas, puede ser simplemente un efecto secundario de dejar de fumar. Prepara a tus colegas para que no se atribuyan el mal humor ejemplar. Un comentario agradable o un trocito de chocolate a veces pueden hacer que el mundo parezca muy diferente.

5. Formular objetivos. Fija objetivos y anótalos por escrito. Fija tus objetivos según la regla SMART. La "S" significa *específico*. Se trata de formular los objetivos de la forma más precisa e individualizada posible. La "M" significa mensurable. Para que tus objetivos tengan un impacto real, deben ser mensurables. La "A" significa *alcanzable.* Los objetivos que te fijes también deben ser alcanzables. Nadie espera que pongas toda tu casa patas arriba de un día para otro sólo para acabar sin fumar.

Tómate las cosas con calma. La "R" significa realista. Los objetivos realistas están relacionados con los objetivos alcanzables. Si estás trabajando, no vas a pasar otras cuatro horas al día haciendo una sesión de ejercicio compensatorio. Al fin y al cabo, en algún momento el día y también tus fuerzas llegarán a su fin. Por tanto, formula tus objetivos de forma realista. Por último, la "T" significa *marco temporal.* Piensa cuándo quieres alcanzar el objetivo (al cabo de una semana, al cabo de un mes, al cabo de seis meses, al cabo de un año, etc.). Establece pequeños subobjetivos en lugar de un gran objetivo.

Por supuesto, el gran objetivo es dejar de fumar, pero cuanto más precisas sean las formulaciones, mejor podrás motivarte para conseguirlo. Alcanzar objetivos parciales siempre te acerca un poco más a tu gran objetivo. Márcate la perspectiva de una recompensa por alcanzar determinados objetivos o metas parciales. Volveremos sobre el tema de las recompensas en la sección sobre estabilización.

Dejar de fumar

1. elección del enfoque. El objetivo principal es lograr la abstinencia. Se distinguen dos métodos de abstinencia: el método del punto final y el método de reducción. Con ambos métodos, fijas un día a partir del cual dejarás de fumar. Como sugieren los nombres de los métodos, el método del punto de cierre no consiste en cambiar tu conducta de fumar antes del día elegido para dejar de fumar, sino en dejar de fumar de un momento a otro. En el método de reducción, la abstinencia tiene lugar en pasos parciales. Puedes determinar estos pasos parciales individualmente. Una pauta elegida a menudo sería cinco cigarrillos menos al día hasta el día de parada en que dejas de fumar por completo.

Si te cuesta decidirte por un método, aquí tienes un dato rápido de la investigación: un estudio de 2016 realizado por Lindson-Hawley y sus colegas demostró que dejar de fumar bruscamente conlleva un 25% más de probabilidades de dejar el tabaco de forma permanente en comparación con un enfoque gradual.

2. Dejar de fumar. En algún momento llegará realmente el día en que dejes de fumar. No sigas diciendo: "Hoy ha sido un día muy estresante, entonces empezaré mañana". Sólo conseguirás seguir aplazando el día de dejar de fumar. Cíñete a la fecha que has fijado y piensa en ella como una fecha obligatoria. Esta fecha no debe estar demasiado lejos en el futuro, de lo contrario sólo encontrarás más supuestas razones por las que no encaja en este momento.

Estabilización de los no fumadores

En primer lugar, en esta fase quieres estabilizar tu abstinencia. En esta sección aprenderás a enfrentarte a situaciones críticas después de dejar de fumar y aplicarás lo aprendido a tu situación personal. El desarrollo de comportamientos alternativos desempeñará un papel especialmente importante. ¿Qué haces en situaciones en las que normalmente fumabas? ¿Y cómo te comportas cuando el ansia te vence de tal modo que ya casi no puedes soportarlo?

1. afrontar los síntomas de abstinencia. Los síntomas de abstinencia son de naturaleza cognitiva y emocional. Es decir, todo tiene lugar "en tu cabeza". Los síntomas máximos de abstinencia se alcanzan hasta un día después del último cigarrillo. Remiten al cabo de una semana. Los fuertes antojos, las punzadas de hambre y los estados de ánimo depresivos pueden seguir produciéndose durante un periodo de seis meses o más.

Además, como ya has aprendido, los efectos condicionados suelen persistir durante años. Si no estás seguro de si las molestias físicas y psicológicas que aparecen entran en el ámbito de los síntomas de abstinencia, anótalas y consulta a tu médico o farmacéutico. Sólo ellos podrán confirmar si los síntomas que se producen están dentro de la normalidad.

2. estrategias de afrontamiento a corto plazo.
Si te invaden los antojos y apenas puedes soportarlos, las estrategias de afrontamiento a corto plazo pueden ayudarte. Por ejemplo, chupar caramelos, mascar chicle o dejarte chile picante en polvo en la boca durante un breve periodo de tiempo. Si echas de menos el efecto relajante del cigarrillo, prueba un ejercicio de respiración.

Quizá hayas oído hablar de la técnica 4711. En este caso, no se trata de la conocida marca de perfume, sino de una técnica respiratoria que sirve para desacelerar. Normalmente, respiramos entre diez y doce veces por minuto. Pero esto puede reducirse a la mitad, a seis veces por minuto.

La técnica funciona de la siguiente manera: Inhala durante cuatro segundos, exhala durante siete segundos y repite durante once minutos. Con esta técnica respiratoria, imitamos nuestro ritmo respiratorio durante el sueño y, en consecuencia, desconectamos muchas actividades. Esta técnica resulta especialmente útil para el asma y la EPOC, pero también puede reducir emociones como la agresividad y la ansiedad. Si los antojos son fuertes, también puede ser útil imitar los movimientos de fumar. El énfasis aquí está claramente en "imitar". Para este ejercicio, puedes enrollar una pequeña hoja de papel en forma de tubo y aspirar el aire a través de él.

Esto puede no parecer muy agradable, pero se trata más bien de reducir la necesidad de inhalar. Para compensar la inquietud en las manos, debes mantener los dedos ocupados en otra parte. Por ejemplo, puedes colocar una pequeña pelota antiestrés o de masaje en tu lugar de trabajo y moverla entre las manos cuando te invada la necesidad de fumar. Cuando estés en casa, puedes ocuparte de la jardinería, fregar los platos, quitar el polvo u otras cosas relacionadas con el hogar. No sólo habrás hecho algo contra el ansia, sino que además habrás tachado otras cosas de tu lista de tareas pendientes.

Muchos asesores te darán el consejo de que intentes no pensar en fumar y desvíes tu atención hacia otra cosa. Me gustaría explicarte brevemente con un pequeño experimento mental que este consejo no es tan fácil de poner en práctica. Por favor, no te imagines un elefante rosa. Respuesta sincera: acabas de pensar en el elefante, ¿verdad? No es de extrañar, porque con la petición de no pensar en algo, hacemos exactamente lo contrario: pensamos en ello.

Esto se debe a que la imaginación siempre gana en nuestro cerebro y nuestro lenguaje controla nuestra conciencia. El subconsciente no conoce las formulaciones negativas. Sin embargo, puedes aprovechar este efecto simplemente dándole la vuelta. "Ahora no pienso en fumar". Con esta afirmación, nuestro cerebro sólo entiende: "Estoy pensando en fumar ahora". Tienes que transmitir instrucciones y deseos correctos. Utilizando palabras como "no" o "de ninguna manera" consigues lo contrario de lo que quieres. Piensa en lo que quieres en vez de en lo negativo, por ejemplo: "Me gustaría aprovechar ahora mi descanso para estirar las piernas".

3. relajación, movimiento y alimentación. Para acompañar las técnicas de respiración, puedes recurrir a ejercicios de relajación que también puedes hacer cómodamente en tu escritorio. El ejercicio más sencillo consiste en ponerte las manos delante de la cara y cerrar los ojos. Piensa en algo agradable y luego inspira profundamente por el estómago, aguanta la respiración un momento y vuelve a espirar. Repite este ejercicio cinco veces.

Aprovecha tu nueva etapa en la vida y empieza a hacer footing o apúntate a un gimnasio. Puede que lleves años posponiéndolo y ahora sea el momento de abordarlo. Al hacer ejercicio, también contrarrestarás el desagradable hecho de que el aumento de peso suele seguir al abandono del tabaco. Como recordarás de los capítulos anteriores, esto se debe al efecto supresor del apetito de la nicotina, que desaparece naturalmente con la abstinencia.

Sin embargo, este hecho no debe desmotivarte, sino animarte (en el verdadero sentido de la palabra) a encontrar una alternativa sana al tabaco. A través del deporte puedes desahogarte y distraerte bien. También puedes tener la oportunidad de retomar viejas aficiones. Los ejercicios de relajación y el ejercicio se construyen como un comportamiento alternativo y esto conduce a un refuerzo del comportamiento de no fumar y también a una reducción del estrés, que también puede intensificar el deseo de fumar. Un pequeño dato de la investigación: Lee y sus colegas (2018) han descubierto que la inactividad física causa tantas muertes como el tabaquismo permanente.

La nutrición encaja con el tema del deporte. Como acabamos de mencionar, se produce un aumento del apetito tras dejar de fumar. Un nivel inestable de azúcar en sangre puede tentarte a picar. Intenta utilizar alternativas saludables como fruta, verdura o frutos secos sin azúcar durante esta fase. Bebe también mucha agua, ya que puede aliviar y prevenir los dolores de cabeza y ayudar al organismo a desintoxicarse. Pero haz algo también por el buen sabor, que ahora puedes volver a disfrutar plenamente.

4. diseña una tarjeta de emergencia. Además, una tarjeta de emergencia puede ayudarte con estrategias de emergencia que puedes sacar cuando te encuentres en una situación crítica. Una tarjeta de emergencia de este tipo no tiene por qué ser literalmente una tarjeta, sino que puede consistir simplemente en un trozo de papel. También puedes utilizar una ficha. En primer lugar, escribe en esta tarjeta de emergencia una breve instrucción sobre qué hacer en una situación de riesgo. Las posibles estrategias son: abandonar la situación o llamar a alguien cercano. Además, las tarjetas de emergencia pueden enumerar razones personales contra el tabaco o autoinstrucciones positivas (p. ej., "Ya he gestionado muchas cosas en la vida, ¡entonces también puedo gestionar esto!"). Lo ideal es que la tarjeta de emergencia esté siempre a mano. Un buen lugar para guardarla sería en la cartera, por ejemplo.

5. recompensas. Las recompensas proporcionan un incentivo para repetir determinados comportamientos. Sin embargo, también puedes utilizar las recompensas para celebrar la consecución de determinados objetivos o subobjetivos. Incluso mientras fijas tus objetivos, puedes pensar en cosas que quieras hacer para sentirte bien.

Como dejar de fumar también alivia la carga económica, esto puede ser fácilmente algunas cosas más caras. Al fin y al cabo, debe merecer la pena y ser un fuerte incentivo. Las recompensas no siempre tienen que ser de naturaleza material, sino que también pueden adoptar la forma de actividades conjuntas con amigos, familiares o conocidos. Ir a un restaurante elegante, pasar un día de spa, pasar una velada con amigos o ir de compras. También puedes integrar perfectamente las recompensas en las apuestas completadas. Si no alcanzas determinados subobjetivos, entonces no hay recompensa. Aprovecha este hecho para esforzarte aún más por conseguir el siguiente objetivo.

El apoyo social. El apoyo social estabiliza el éxito de la terapia. Tu entorno social puede ayudarte especialmente a mantener la motivación. Las palabras alentadoras, abstenerse de las burlas y evitar los lugares donde se fuma pueden ser muy útiles, sobre todo al principio. Anímate y presume ante tus amigos y conocidos de que has dejado de fumar. Las miradas impresionadas te motivarán a seguir en la brecha. Además, es desagradable tener que admitir poco después que vuelves a fumar.

Si prefieres un entorno anónimo para hablar o te gustaría hablar con personas que están en tu misma situación, entonces puedes buscar un grupo de autoayuda. El intercambio mutuo de experiencias puede ayudarte a mantener la motivación. Echa un vistazo en Internet para ver si hay un grupo adecuado para ti en tu ciudad. Si prefieres un entorno anónimo, prueba los grupos de autoayuda online. Debido a la era tecnológica en la que vivimos, cada vez hay más ofertas de este tipo que puedes utilizar de forma flexible desde casa. La mayoría de los grupos de autoayuda online están científicamente probados, son gratuitos y normalmente puedes empezar inmediatamente. No obstante, asegúrate de no encontrar sitios fraudulentos en Internet.

7. la "personalidad de fumador". Además, es crucial para el éxito a largo plazo que puedas dejar atrás tu llamada "personalidad de fumador". Como fumador, te has forjado una identidad de fumador a lo largo de muchos años o quizá incluso de unos pocos meses.

Piensa en cómo te ves o te has visto como fumador. ¿Qué pensabas en determinadas situaciones? Por ejemplo, si tus pensamientos son algo así como: "Me gusta sentarme con fumadores", o "Me alegro mucho de haber encontrado una conexión con un grupo a través del tabaco", entonces ésa es exactamente tu personalidad de fumador.

El objetivo ahora es construir una "nueva" identidad como no fumador. Para ello, tienes que sustituir la imagen que tienes de ti mismo como fumador ("Me gusta sentarme con otros fumadores") por pensamientos alternativos. Coge una hoja de papel o tu cuaderno y escribe las cosas que te definen.

Piensa en tus puntos fuertes y habilidades que no estén relacionados con el tabaco o que vayan en la dirección de no fumar. Algunos ejemplos serían: "Se me da bien planificar y, por tanto, no soy sustituible en mi grupo de amigos", "Fumar no me apaga" o "Puedo ser un buen modelo para mis colegas".

8. autoeficacia y autovaloración. La autoeficacia es la convicción de que las propias acciones pueden superar problemas importantes. Nuestras actitudes hacia nuestras propias capacidades y posibilidades influyen en nuestras emociones, formas de pensar, nuestras acciones y también en nuestro éxito personal. Probablemente ahora te estés preguntando qué hacer con esto.

Pues bien, la autoeficacia ayuda a poner en marcha un plan. Volvamos al principio: Tu gran objetivo es dejar de fumar. Esa es tu intención que quieres poner en marcha. La autoeficacia también te ayuda a afrontar mejor las dudas, puesto que ya estás convencido de que puedes hacerlo. Además, incluso tras los contratiempos, volverás a levantarte, aprenderás y continuarás.

Pero, ¿cómo puedes aumentar tu autoeficacia? En primer lugar, es tu propia sensación de logro la que influye en tu autoestima. No pienses: "Ahora acabo de pasar una semana sin fumar", sino siéntete orgulloso del hecho de que ya has pasado una semana. Incluso las derrotas y los reveses no deben impedirte continuar y alcanzar el objetivo deseado. Busca modelos de conducta o testimonios de personas que hayan conseguido dejar de fumar. Debes seguir recordándote a ti mismo que no eres la primera persona que inicia este viaje.

Se pueden encontrar testimonios en Internet y también en folletos que suelen exponerse en lugares públicos. El tema de la autoeficacia también incluye el estímulo de otras personas. Las palabras de elogio pueden animar a creer en ti mismo y en tu esfuerzo. De todos modos, no te aferres a personas que no creen en tu éxito. Rodéate de gente positiva. Pero ten cuidado de asegurarte de que la gente habla en serio y no sólo finge.

Similar a la autoeficacia es la autovaloración. Se trata de las consecuencias internas que alientan nuestros comportamientos o actitudes que condujeron a los sentimientos agradables. Puede que hayas oído hablar de la "profecía autocumplida". ¿Alguna vez te has acercado a un paso de peatones con semáforo y has pensado: "Seguro que se pone en rojo", y justo en ese momento se produce realmente el estado esperado? Eso es una profecía autocumplida.

Lo que tememos se hace realidad en la mayoría de los casos. Sin embargo, ahora depende de ti si eres optimista o pesimista. Como optimista prevés el resultado positivo de una situación, mientras que como pesimista siempre esperas lo negativo. Las autoinstrucciones positivas te ayudan a pensar positivamente. Ya has aprendido algo sobre esto en la sección sobre la tarjeta de emergencia. Aquí, sin embargo, me gustaría sugerirte un pequeño ejercicio de entrenamiento mental.

En el entrenamiento mental puedes hacer un ejercicio de imaginación positiva o un ejercicio de imaginación de afrontamiento. En el ejercicio de imaginación positiva, imaginas exactamente cómo se desarrollará una situación exactamente como tú quieres que se desarrolle. En el ejercicio de imaginación de afrontamiento, imaginas exactamente cómo te sientes al principio en una situación determinada.

Es decir, sientes nerviosismo, excitación, miedo, etc. Luego imaginas cómo utilizarás tu nueva estrategia. Antes de empezar los ejercicios, sin embargo, necesitas saber exactamente qué quieres imaginar. Necesitas pensamientos útiles y autoinstrucciones positivas, como "Estoy orgulloso de mí mismo" o "Puedo hacerlo". Puedes encontrar nuevos pensamientos haciéndote las dos preguntas para un pensamiento sano: "¿Se corresponde mi pensamiento con los hechos?", y "¿Me ayuda mi pensamiento a sentirme y comportarme como quiero?".

Si respondes "no" a estas dos preguntas, pregúntate: "¿Cómo tengo que pensar para sentirme y comportarme como quiero? Anota tus ideas en una hoja de papel o en tu cuaderno para poder consultarlas en situaciones críticas. Una vez que hayas completado tus ideas, es importante que al principio de cualquier entrenamiento mental te pongas en un estado de relajación. Aquí puedes hacer el ejercicio de relajación de una de las secciones anteriores.

En el ejercicio de imaginación positiva, imaginas exactamente cómo te gustaría pensar, sentir y actuar. Por ejemplo, en lugar de fumar, podrías imaginar que respiras hondo, te levantas y sales a dar un paseo. El ejercicio de imaginación de afrontamiento es similar al ejercicio de imaginación positiva: sin embargo, al principio imaginas la situación que te resulta difícil. Piensa en todos los sentimientos y reacciones que pueden producirse. Después, empieza la segunda parte diciéndote a ti mismo que ahora estás más tranquilo porque tienes estrategias de afrontamiento sensatas y buenos pensamientos. El proceso es congruente con el ejercicio de imaginación positiva. Al final, respira profundamente tres veces y vuelve lentamente a la realidad. El entrenamiento mental es una especie de estrategia de emergencia que incluye muchos de los componentes que ya has aprendido en el transcurso de la guía.

Si el entrenamiento mental no te atrae, también puedes hacer ejercicios más sencillos de autorrefuerzo, como marcar cada día sin fumar en el calendario o echar algo de dinero en una hucha por cada día sin fumar. De este modo, siempre podrás recordar tus éxitos y disfrutar con plena conciencia de que estás libre de humo.

9. la recaída. Todas las afirmaciones anteriores suenan muy positivas, pero no hace falta que te diga a estas alturas que dejar de fumar no va acompañado del riesgo de recaída. La mayoría de las recaídas se producen en los tres primeros meses. A menudo hay un desajuste entre las declaraciones verbales sobre la supuesta motivación y el comportamiento real. Tu objetivo debe ser conciliar esto. La intención y el comportamiento deberían coincidir siempre en tu caso. Si te falta motivación, no tengas miedo de pedir ayuda a otras personas. Sólo es importante que no veas las recaídas como fracasos, sino como una fuente de información.

Reflexiona sobre lo que has aprendido en la sección sobre autoeficacia y mejora personal: Las derrotas y los contratiempos no deben impedirte continuar y alcanzar el objetivo deseado. No te desanimes, porque la mayoría de los fumadores necesitan varios intentos para dejar de fumar por completo. Sin embargo, este hecho no debe ser en modo alguno una excusa para que no perseveres.

Todo viaje tiene un final

Ya has aprendido todo lo básico sobre el desarrollo y el mantenimiento de las adicciones. Desde los procesos cerebrales y corporales hasta los aspectos psicológicos, has aprendido por qué es tan difícil dejar de fumar. Los efectos sobre el cuerpo y la mente, tanto positivos como negativos, completan los conocimientos en el ámbito del consumo de nicotina.

La parte práctica te ha proporcionado un gran maletín de métodos en las manos, repleto de todo tipo de consejos y ejercicios para que estés bien equipado para vencer tu adicción. Todo viaje comienza con un primer paso y también tiene un final en algún momento. Tú ya has dado el primer paso al coger esta guía. El viaje que estás a punto de emprender exigirá mucho de ti. Imagina que eres un caballero que se pone la armadura y va a la batalla. Debes estar dispuesto a renunciar a la vida a la que estás acostumbrado para vivir la vida que deseas: una vida sin tabaco. La fecha del final del viaje es desconocida, pero el destino no lo es. Siempre habrá situaciones que intenten atraerte para que fumes, pero tú sigue adelante y di: "¡No!". Echa la vista atrás a tus éxitos y siéntete orgulloso de lo que has conseguido.

Todos los comienzos son difíciles. No tengas miedo del síndrome de abstinencia, porque el cuerpo está sobrio al cabo de 20 ó 30 horas. El descanso que te espera ocurre en tu cabeza. Y no olvides que los primeros efectos positivos se producen sólo 20 minutos después del último cigarrillo. Mantente firme y mantén siempre la motivación para elegir el comportamiento alternativo frente al tabaco, porque como dice el refrán: "El hombre es un animal de costumbres".

Lista de fuentes y bibliografía

Fundación Assmann para la Prevención (s.f.). El *tabaquismo*. Obtenido de https://www.assmann-stiftung.de/rauchen/

Birbaumer, N., y Schmidt, R. F. (2010). *Psicología biológica* (7ª edición actualizada). Berlín, Alemania: Springer.

Bühringer, G., y Behrendt, S. (2011). Trastornos por consumo de sustancias: Una introducción. En H. U. Wittchen & J. Hoyer (Eds.), *Psicología clínica y psicoterapia* (pp. 697-714). Berlín, Alemania: Springer.

Centro Alemán de Investigación del Cáncer (s.f.). *Información para dejar de fumar.* Obtenido de https://www.dkfz.de/de/rauchertelefon/index.html

Colaboración de Factores de Riesgo Emergentes (2019). Factores de riesgo cardiovascular asociados al tromboembolismo venoso. *JAMA Cardiology, 4,* 163-173. doi:10.1001/jamacardio.2018.4537

Groh, C. A., Vittinghoff, E., Benjamin, E. J., Dupuis, J., & Marcus, G. M. (2019). Exposición infantil al humo del tabaco y riesgo de fibrilación auricular en la edad adulta. *Revista del Colegio Americano de Cardiología, 74,* 1658-1664. doi:10.1016/j.jacc.2019.07.060

Hartmann, M., Filipek, M., y Berking, M. (2012). Abuso y dependencia de sustancias. En M. Berking & W. Rief (Eds.), *Psicología clínica y psicoterapia* (pp. 173-184). Berlín, Alemania: Springer.

Hoch, E., y Kröger, C. B. (2011). Dependencia de la nicotina. En M. Berking & W. Rief (Eds.), *Psicología clínica y psicoterapia* (pp. 767-782). Berlín, Alemania: Springer.

Küfner, H., y Metzner, C. (2011). Abuso de sustancias y dependencia. En M. Berking & W. Rief (Eds.), *Psicología clínica y psicoterapia* (pp. 715-742). Berlín, Alemania: Springer.

Kunter, M., y Pohlmann, B. (2015). Los profesores. En E. Wild & J. Möller (Eds.), *Psicología educativa* (pp. 261-281). Berlín, Alemania: Springer.

Kuntic, M., Oelze, M., Steven, S., Kröller-Schön, S., Stamm, P., Kalinovic, S., Frenis, K., Vujacic-Mirski, K., Jiménez, M. T. B., Kvandova, M., Filippou, K., Zuabi, A. A., Brückl, V., Hahad, O., Daub, S., Varveri, F., Gori, T., Huesmann, R., Hoffmann, T., Schmidt, F. P., Keaney, J. F., Daiber, A., & Münzel, T. (2020). La exposición a corto plazo al vapor del e-cigarrillo provoca estrés oxidativo y disfunción vascular: pruebas de una estrecha relación con el daño cerebral y un papel clave de la

NADPH oxidasa fagocítica (NOX-2). *Revista Europea del Corazón, 41*, 2472-2483. doi: 10.1093/eurheartj/ehz772

Landmann, M., Perels, F., Otto, B., Schnick-Vollmer K., & Schmitz, B. (2015). Autorregulación y aprendizaje autorregulado. En E. Wild & J. Möller (Eds.), *Psicología educativa* (pp. 45-68). Berlín, Alemania: Springer.

Lee, I. M., Shiroma, E. J., Evenson, K. R., Kamada, M., LaCroix, A. Z., & Buring, J. E. (2018). Actividad física medida con acelerómetro y comportamiento sedentario en relación con la mortalidad por todas las causas. Circulation, 137, 203-205. doi:10.1161/CIRCULATIONAHA.117.031300.

Lindson-Hawley, N., Banting, M., West, R., Michie, S., Shinkins, B., & Aveyard, P. (2016). Deshabituación tabáquica gradual frente a abrupta. *Anales de Medicina Interna, 164*, 585-592. doi:10.7326/M14-2805.

Livingston, G., Huntley, J., Sommerlad, A., Ames, D., Ballard, C., Banerjee, S., Brayne, C., Burns, A., Cohen-Mansfield, J., Cooper, C., Costafreda, S. G., Dias, A., Fox, N., Gitlin, L. N., Howard, R., Kales, H. C., Kivimäki, M., Larson, E. B., Ogunniyi, A., Orgeta, V., Ritchie, K., Rockwood, K., Sampson, E. L., Samus, Q., Schneider, L. S., Selbaek, G., Teri, L., & Mukadam, N. (2020). Prevención, intervención y atención de la demencia: Informe 2020 de la Comisión Lancet.

Comisión *Lancet, 396*, 413-446. doi:10.1016/S0140-6736(20)30367-6.

Rinck, M., y Becker, E. S. (2011). Fundamentos de la psicología del aprendizaje. En H. U. Wittchen & J. Hoyer (Eds.), *Psicología clínica y psicoterapia* (pp. 107-128). Berlín, Alemania: Springer.

Instituto Robert Koch (s.f.). El *tabaquismo*. Obtenido de https://www.rki.de/DE/Content/Gesundheitsmonitoring/Themen/Rauchen/Rauchen_node.html

Stangl, W. (2017*). Exhala - la técnica 4711. notado.* Obtenido de https://bemerkt.stangl-taller.at/ausatmen/

Swoboda, R. (2018). *No pienses ahora en un elefante rosa.* Obtenido de https://www.mentalerleben.at/2018/02/13/denken-sie-jetzt-nicht-an-einen-rosa-elefanten/

Wolf, D. (2020). *Entrenamiento mental.* *https://www.*angst-panik-hilfe.de/mentales-training.html

Organización Mundial de la Salud (2020). *Tabaco: Beneficios para la salud de dejar de fumar.* Obtenido de https://www.who.int/news-room/q-a-detail/tobacco-health-benefits-of-smoking-cessation